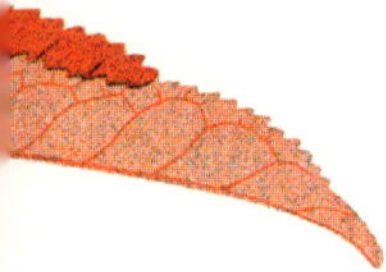

DIE SCHÖNSTEN HERBSTGEDICHTE

Herausgegeben von Matthias Reiner

Mit Illustrationen von
Philippe Robert

Insel Verlag

Insel-Bücherei Nr. 2530

DIE SCHÖNSTEN HERBSTGEDICHTE

ERICH KÄSTNER

Herbst auf der ganzen Linie

Nun gibt der Herbst dem Wind die Sporen.
Die bunten Laubgardinen wehn.
Die Straßen ähneln Korridoren,
in denen Türen offenstehn.

Das Jahr vergeht in Monatsraten.
Es ist schon wieder fast vorbei.
Und was man tut, sind selten Taten.
Das, was man tut, ist Tuerei.

Es ist, als ob die Sonne scheine.
Sie läßt uns kalt. Sie scheint zum Schein.
Man nimmt den Magen an die Leine.
Er knurrt. Er will gefüttert sein.

Das Laub verschießt, wird immer gelber,
nimmt Abschied vom Geäst und sinkt.
Die Erde dreht sich um sich selber.
Man merkt es deutlich, wenn man trinkt.

Wird man denn wirklich nur geboren,
um wie die Jahre zu vergehn?

Die Straßen ähneln Korridoren,
in denen Türen offenstehn.

Die Stunden machen ihre Runde.
Wir folgen ihnen Schritt für Schritt.
Und gehen langsam vor die Hunde.
Man führt uns hin. Wir laufen mit.

Man grüßt die Welt mit kalten Mienen.
Das Lächeln ist nicht ernst gemeint.
Es wehen bunte Laubgardinen.
Nun regnet's gar. Der Himmel weint.

Man ist allein und wird es bleiben.
Ruth ist verreist, und der Verkehr
beschränkt sich bloß aufs Briefeschreiben.
Die Liebe ist schon lange her!

Das Spiel ist ganz und gar verloren.
Und dennoch wird es weitergehn.
Die Straßen ähneln Korridoren,
in denen Türen offenstehn.

ELSE LASKER-SCHÜLER

Herbst

Ich pflücke mir am Weg das letzte Tausendschön .....
Es kam ein Engel mir mein Totenkleid zu nähen –
Denn ich muß andere Welten weiter tragen.

Das ewige Leben *dem*, der viel von Liebe weiß zu sagen.
Ein Mensch der *Liebe* kann nur auferstehen!
Haß schachtelt ein! wie hoch die Fackel auch mag schlagen.

Ich will dir viel viel Liebe sagen –
Wenn auch schon kühle Winde wehen,
In Wirbeln sich um Bäume drehen,
Um Herzen, die in ihren Wiegen lagen.

Mir ist auf Erden weh geschehen .....
Der Mond gibt Antwort dir auf deine Fragen.
Er sah verhängt mich auch an Tagen,
Die zaghaft ich beging auf Zehen.

R
1908.

BARTHOLD HINRICH BROCKES

Gedanken bei dem Fall der Blätter im Herbst

In einem angenehmen Herbst,
bei ganz entwölktem heiterm Wetter,
Indem ich im verdünnten Schatten,
bald Blätter-loser Bäume, geh,
Und des so schön gefärbten Laubes
annoch vorhandnen Rest beseh,
Befällt mich schnell ein sanfter Regen,
von selbst herabgesunkner Blätter.

Ein reges Schweben füllt die Luft.
Es zirkelt, schwärmt und drehte sich,
Ihr bunt, sanft abwärts sinkend Heer;
doch selten im geraden Strich.
Es schien die Luft, sich zu bemühn,
den Schmuck, der sie bisher gezieret,
So lang es möglich, zu behalten,
und hindert ihren schnellen Fall.
Hiedurch ward ihre leichte Last,
im weiten Luft-Kreis überall,
In kleinen Zirkelchen bewegt,
in sanften Wirbeln umgeführet,

Bevor ein jedes seinen Zweck,
und seiner Mutter Schoß berühret;
Um sie, bevor sie aufgelöst,
und sich dem Sichtlichen entrücken,
Mit Decken, die weit schöner noch,
als persianische, zu schmücken.

Ich hatte diesem sanften Sinken,
der Blätter lieblichem Gewühl,
Und dem dadurch, in heitrer Luft,
erregten angenehmen Spiel,
Der bunten Tropfen schwebendem,
im lindem Fall formiertem, Drehn,
Mit offnem Aug, und ernstem Denken,
nun eine Zeitlang zugesehn;
Als ihr von dem geliebten Baum
freiwilligs Scheiden (da durch Wind,
Durch Regen, durch den scharfen Nord,
sie nicht herabgestreifet sind;
Nein, willig ihren Sitz verlassen,
in ihren ungezwungnen Fällen)
Nach ernstem Denken, mich bewog,
sie mir zum Bilde vorzustellen,
Von einem wohlgeführten Alter,
und sanftem Sterben; Die hingegen,

Die, durch der Stürme strengen Hauch,
durch scharfen Frost, durch schweren Regen,
Von ihren Zweigen abgestreift
und abgerissen, kommen mir,
Wie Menschen, die durch Krieg und Brand
und Stahl gewaltsam fallen, für.

Wie glücklich, dacht ich, sind die Menschen,
die den freiwillgen Blättern gleichen,
Und, wenn sie ihres Lebens Ziel,
in sanfter Ruh und Fried, erreichen;
Der Ordnung der Natur zufolge,
gelassen scheiden, und erbleichen!

RICARDA HUCH

Herbst

September sitzt auf einer hohlen Weide,
Spritzt Seifenblasen in die laue Luft;
Die Sonne sinkt; aus brauner Heide
Steigt Ambraduft.

Als triebe Wind sie, ziehn die leichten Bälle
Im goldnen Schaum wie Segel von Opal,
Darüber schwebt in seidener Helle
Der Himmelssaal.

Auf fernen Tennen stampft der Erntereigen,
Im Takt der Drescher schwingt der starre Saum.
Handörgelein und Baß und Geigen
Summt süß im Raum.

KURT TUCHOLSKY

Schöner Herbst

Das ist ein sündhaft blauer Tag!
Die Luft ist klar und kalt und windig,
weiß Gott: ein Vormittag, so find ich,
wie man ihn oft erleben mag.

Das ist ein sündhaft blauer Tag!
Jetzt schlägt das Meer mit voller Welle
gewiß an eben diese Stelle,
wo dunnemals der Kurgast lag.

Ich hocke in der großen Stadt:
und siehe, durchs Mansardenfenster
bedräuen mich die Luftgespenster ...
Und ich bin müde, satt und matt.

Dumpf stöhnend lieg ich auf dem Bett.
Am Strand wär es im Herbst viel schöner ...
Ein Stimmungsbild, zwei Fölljetöner
und eine alte Operett!

Wenn ich nun aber nicht mehr mag!
Schon kratzt die Feder auf dem Bogen –
das Geld hat manches schon verborgen …
Das ist ein sündhaft blauer Tag!

SARAH KIRSCH
Laute Musik

Die großen Jahrmärkte des Herbstes
Beginnen mit Freibier geschmückte Jäger
Steife Hüte goldene Hörner Posaunen
Durchstoßen die weiße Luft auf den Plätzen.
Die jungfräulichen Flötenspielerinnen
Der schöne Schellenbaumschwenker
Sind ein herrlicher Anblick am Morgen.

An diesem Sonntag predigt der Pfarrer
Den Bänken und Tölpeln schon fallen
In den Schenken die Kegel die funkelnden
Außer Atem geratenen Schaukeln die hohen
Sternenräder erzittern eh die Musik
Durch die Straßen geschwemmt wird.
Sehr ferne klirrt das Vieh mit den Ketten.

SARAH KIRSCH

Der September

Der Nebel zerstört die Farbe der Blumen
Und netzt sie, daß sie sich hinlegen
Das goldne Kartoffelkraut
Verbirgt seine Nester nicht länger
Der Landwirt knurrt: Welche Obstschwemme

THEODOR FONTANE

O trübe diese Tage nicht

O trübe diese Tage nicht,
Sie sind der letzte Sonnenschein;
Wie lange, und es lischt das Licht,
Und unser Winter bricht herein.

Dies ist die Zeit, wo jeder Tag
Viel Tage gilt in seinem Wert,
Weil man's nicht mehr erhoffen mag,
Daß *so* die Stunde wiederkehrt.

Die Flut des Lebens ist dahin,
Es ebbt in seinem Stolz und Reiz,
Und sieh, es schleicht in unsern Sinn
Ein banger, nie gekannter Geiz;

Ein süßer Geiz, der Stunden zählt
Und jede prüft auf ihren Glanz –
O sorge, daß uns keine fehlt,
Und gönn uns jede Stunde *ganz*.

MARIE LUISE KASCHNITZ
Tritte des Herbstes

Du lieber Herbst
Das Laub
Noch heiß vom Sommer
Und leuchtet feurig
Dann im Wind
Die feinen
Knöchernen Tritte
Zweigauf
Zweigab.

1909

FRIEDRICH HEBBEL
Herbstbild

Dies ist ein Herbsttag, wie ich keinen sah!
Die Luft ist still, als atmete man kaum,
Und dennoch fallen raschelnd, fern und nah,
Die schönsten Früchte ab von jedem Baum.

O stört sie nicht, die Feier der Natur!
Dies ist die Lese, die sie selber hält,
Denn heute löst sich von den Zweigen nur,
Was vor dem milden Strahl der Sonne fällt.

RAINER MARIA RILKE

Spätherbst in Venedig

Nun treibt die Stadt schon nicht mehr wie ein Köder,
der alle aufgetauchten Tage fängt.
Die gläsernen Paläste klingen spröder
an deinen Blick. Und aus den Gärten hängt

der Sommer wie ein Haufen Marionetten
kopfüber, müde, umgebracht.
Aber vom Grund aus alten Waldskeletten
steigt Willen auf: als sollte über Nacht

der General des Meeres die Galeeren
verdoppeln in dem wachen Arsenal,
um schon die nächste Morgenluft zu teeren

mit einer Flotte, welche ruderschlagend
sich drängt und jäh, mit allen Flaggen tagend,
den großen Wind hat, strahlend und fatal.

CATHARINA REGINA VON GREIFFENBERG

Auf die fruchtbringende Herbstzeit

Freuderfüller, Früchtebringer, vielbeglückter Jahreskoch,
Grünung-, Blüh- und Zeitungziel, werkbeseeltes Lustverlangen!
Lange Hoffnung ist in dir in die Taterweisung gangen.
Ohne dich wird nur beschauet, aber nichts genossen noch.
Du Vollkommenheit der Zeiten, mache bald vollkommen doch,
was von Blüh- und Wachstumskraft halbes Leben schon empfangen!
Deine Wirkung kann allein mit der Werkvollziehung prangen.
Werter Zeitenschatz, ach bringe jenes Blühen auch so hoch,
schütt aus deinem reichen Horn hochverhoffte Freudenfrüchte!
Lieblich süßer Mundergetzer, lab auch unsern Geist zugleich:
so erhebt mit jenen er deiner Früchte Ruhmgerüchte.
Zeitig' die verlangten Zeiten in dem Oberherrschungsreich!

Laß die Anlaßkerne schwarz, Schickungsäpfel saftig werden:
daß man Gottes Gnadenfrücht froh genießt und ißt auf Erden!

RAINER MALKOWSKI
Schöne seltene Weide

Manchmal, nach einem Herbststurm,
wenn die Luft still und gefegt ist,
gehe ich im Garten umher und zähle
die abgeschlagenen Äste.
Nur die Weide zeigt keine Veränderung.
Ich bewundere sie lange:
nicht immer sieht es so schön aus,
wenn die Biegsamkeit überlebt.

HERMANN HESSE

Verfrühter Herbst

Schon riecht es scharf nach angewelkten Blättern,
Kornfelder stehen leer und ohne Blick;
Wir wissen: eines von den nächsten Wettern
Bricht unserm müden Sommer das Genick.

Die Ginsterschoten knistern. Plötzlich wird
Uns das fern und sagenhaft erscheinen,
Was heut wir in der Hand zu halten meinen,
Und jede Blume wunderbar verirrt.

Bang wächst ein Wunsch in der erschreckten Seele:
Daß sie nicht allzu sehr am Dasein klebe,
Daß sie das Welken wie ein Baum erlebe,
Daß Fest und Farbe ihrem Herbst nicht fehle.

R
1908

THEODOR KRAMER

An einem schönen Herbsttag möcht ich sterben,
der schon ein wenig rauh und frostig ist,
vor unserm alten Haus daheim im herben
Geruch von Unkraut und von Rankenmist.

Den Hauch der schwarzen Schalen möcht ich schlürfen,
die von den Nüssen fallen, und den Pflug
die morschen Stoppeln stürzen sehen dürfen
ins fette Erdreich bis zum letzten Bug.

Dann könnt ich leichter glauben, daß das gleiche
Gesetz, nach dem der Fechsung morscher Rest
den Boden wieder düngt, auch mir das Gleiche
gewährt und mich nicht ganz vergehen läßt.

ANNETTE VON DROSTE-HÜLSHOFF

Herbst

Wenn ich an einem schönen Tag
Der Mittagsstunde habe acht
Und lehne unter meinem Baum
So mitten in der Trauben Pracht;

Wenn die Zeitlose übers Tal
Den amethystnen Teppich webt,
Auf dem der letzte Schmetterling
So schillernd wie der frühste bebt:

Dann denk ich wenig drüber nach,
Wies nun verkümmert Tag für Tag,
Und kann mit halbverschloßnem Blick
Vom Lenze träumen und von Glück.

Du mit dem frischgefallnen Schnee,
Du tust mir in den Augen weh!
Willst uns den Winter schon bereiten?
Von Schlucht zu Schlucht sieht man ihn gleiten,
Und bald, bald wälzt er sich herab
Von dir, o Säntis! ödes Grab!

PETER HUCHEL
Kinder im Herbst

I

Schneebeeren weiß und schaumig knallen,
wenn sie die Kinder sich zerdrücken,
die durch den roten Herbst hinwallen
und nichts als totes Laub zerpflücken.
Mit Ruten treiben sie die Stiere
und peitschen die Kastanien locker,
und flammend auf die Vogelmiere
tropft nun der Herbst sein Gold und Ocker.

Laut singend in der Nebelfrühe
ziehn sie ins krautige Gehege,
dort wo der Ampfer für die Kühe
noch steht am alten Gleis der Wege.
Der Nebel zieht die weißen Kutten
den Kindern wie ein Laken über,
und auch das Rot der Hagebutten
verdämmert milchiger und trüber.

Die Luft verraucht, noch warm vom Öle,
dort faulen blaue Haselnüsse,
das Lied schläft in der Meisenhöhle,

die Kinder planschen durch die Güsse.
Sie hörn den ödesten der Laute,
das trübe Sickern in der Brache.
Der Zeisig schweigt, die Wiesenraute
neigt sich ins Grau der Wasserlache.

II
Fern von der Dörfer Dreschflegelschlag
– o Wiesenfrühe, Septembertag –
gingen wir Kinder mit Schnur und Messer
luchwärts watend durch seichtes Gewässer,
um aus den jungen biegsamen Weiden
Ruten für Kiepen und Zäune zu schneiden.
Auf Sumpfes Rücken, schildkrötenalt,
stand vor uns der feuchte Erlenwald,
wo immer am Morgen die Sonne lag
im dichten weißen Nebel verpuppt.
Über den Wassern, grüngolden beschuppt,
schlüpfte sie langsam erst mittags aus
und flog als große Himmelslibelle
mit gläsernen Flügeln aus Herbsteshelle
blitzend um uns durchs Blättergebraus.
Auf Sumpfes Rücken, schildkrötenalt,
warf wirbelnd sein Gold der Erlenwald.

AUGUST VON PLATEN

An eine Geißblattranke

Zwischen Fichtenbäumen in der Öde
Find ich, teure Blüte, dich so spat?
Rauhe Lüfte hauchen schnöde,
Da sich eilig schon der Winter naht.

Dicht auf Bergen lagen Nebelstreifen,
Hinter denen längst die Sonne schlief,
Als noch übers Feld zu schweifen
Mich ein inniges Verlangen rief.

Da verriet dich dein Geruch dem Wandrer,
Deine Weiße, die dich blendend schmückt:
Wohl mir, daß vor mir kein andrer
Dich gesehn und dich mir weggepflückt!

Wolltest du mit deinem Dufte warten,
Bis ich käm' an diesen stillen Ort?
Blühtest ohne Beet und Garten
Hier im Wald bis in den Winter fort?

Wert ist wohl die spät gefundne Blume,
Daß ein Jüngling in sein Lied sie mischt,
Sie vergleichend einem Ruhme,
Der noch wächst, da schon so viel erlischt.

1908.

CHRISTINE BUSTA

Die Korbflechterin an den Herbst

Sommerlang hab ich dir Körbe geflochten,
nun schmück ich die Ränder mit roten Oktoberranken.
Viele Apfel-, Pfirsich- und Traubengedanken
hab ich in meine Körbe eingeflochten.

Holst du sie bald? Die Gärten und Weinberge warten:
schwer in den Nächten ertragen sie Früchte und Sterne,
manches pflückt schon der Reif und schmelzt die Sonne
vom Kerne,
und die Körbe stehn immer noch leer und warten.

Glaub mir, es trägt sich gut in meinen Körben;
und vom letzten ein wenig wirfst du mir heimlich ins
Haus.
Doch du schleppst Säcke? Geizhals! Ach, wär ich doch
eine Maus,
könnt ich mich winters nähren von meinen
verfaulenden Körben.

ERICH KÄSTNER

Exemplarische Herbstnacht

Nachts sind die Straßen so leer.
Nur ganz mitunter
markiert ein Auto Verkehr.
Ein Rudel bunter
raschelnder Blätter jagt hinterher.

Die Blätter haschen und hetzen.
Und doch weht kein Wind.
Sie rascheln wie Fetzen und hetzen
und folgen geheimen Gesetzen,
obwohl sie gestorben sind.

Nachts sind die Straßen so leer.
Die Lampen brennen nicht mehr.
Man geht und möchte nicht stören.
Man könnte das Gras wachsen hören,
wenn Gras auf den Straßen wär.

Der Himmel ist kalt und weit.
Auf der Milchstraße hat's geschneit.
Man hört seine Schritte wandern,

als wären es Schritte von andern,
und geht mit sich selber zu zweit.

Nachts sind die Straßen so leer.
Die Menschen legten sich nieder.
Nun schlafen sie, treu und bieder.
Und morgen fallen sie wieder
übereinander her.

FRIEDRICH HÖLDERLIN

Hälfte des Lebens

Mit gelben Birnen hänget
Und voll mit wilden Rosen
Das Land in den See,
Ihr holden Schwäne,
Und trunken von Küssen
Tunkt ihr das Haupt
Ins heilignüchterne Wasser.

Weh mir, wo nehm ich, wenn
Es Winter ist, die Blumen, und wo
Den Sonnenschein,
Und Schatten der Erde?
Die Mauern stehn
Sprachlos und kalt, im Winde
Klirren die Fahnen.

HILDE DOMIN

Herbstaugen

Presse dich eng
an den Boden.

Die Erde
riecht noch nach Sommer,
und der Körper
riecht noch nach Liebe.

Aber das Gras
ist schon gelb über dir.
Der Wind ist kalt
und voll Distelsamen.

Und der Traum, der dir nachstellt,
schattenfüßig,
dein Traum
hat Herbstaugen.

ANONYM

Ein alt Totenlied

So fährt im Herbst der Abendwind
Wohl über die breite Heide
Und reißt die Blumen ab geschwind
Zu unserm tiefen Leide.
Verschwunden unserm Angesicht
Sieht man gar bald die Stätte nicht,
Wo Gras und Blumen gestanden.

Nun fliehe denn aus euerm Sinn
Das traurige Seufzen und Klagen hin
Und ziehet eure Straßen.
Denk wohl dabei, es währt nicht lang,
So wird man uns bei Sang und Klang
Gleichfalls der Erde lassen.

EMANUEL GEIBEL

Ich sah den Wald sich färben

Ich sah den Wald sich färben,
Die Luft war grau und stumm;
Mir war betrübt zum Sterben,
Und wußt' es kaum, warum.

Durchs Feld vom Herbstgestäude
Hertrieb das dürre Laub;
Da dacht' ich: Deine Freude
Ward so des Windes Raub.

Dein Lenz, der blütenvolle,
Dein reicher Sommer schwand;
An die gefrorne Scholle
Bist du nun festgebannt.

Da plötzlich floß ein klares
Getön in Lüften hoch:
Ein Wandervogel war es,
Der nach dem Süden zog.

Ach, wie der Schlag der Schwingen,
Das Lied ins Ohr mir kam,

Fühlt ich's wie Trost mir dringen
Zum Herzen wundersam.

Es mahnt' aus heller Kehle
Mich ja der flücht'ge Gast:
Vergiß, o Menschenseele,
Nicht, daß du Flügel hast!

INGEBORG BACHMANN

Herbstmanöver

Ich sage nicht: das war gestern. Mit wertlosem
Sommergeld in den Taschen liegen wir wieder
auf der Spreu des Hohns, im Herbstmanöver der Zeit.
Und der Fluchtweg nach Süden kommt uns nicht,
wie den Vögeln, zustatten. Vorüber, am Abend,
ziehen Fischkutter und Gondeln, und manchmal
trifft mich ein Splitter traumsatten Marmors,
wo ich verwundbar bin, durch Schönheit, im Aug.

In den Zeitungen lese ich viel von der Kälte
und ihren Folgen, von Törichten und Toten,
von Vertriebenen, Mördern und Myriaden
von Eisschollen, aber wenig, was mir behagt.
Warum auch? Vor dem Bettler, der mittags kommt,
schlag ich die Tür zu, denn es ist Frieden
und man kann sich den Anblick ersparen, aber nicht
im Regen das freudlose Sterben der Blätter.

Laßt uns eine Reise tun! Laßt uns unter Zypressen
oder auch unter Palmen oder in den Orangenhainen
zu verbilligten Preisen Sonnenuntergänge sehen,
die nicht ihresgleichen haben! Laßt uns die

unbeantworteten Briefe an das Gestern vergessen!
Die Zeit tut Wunder. Kommt sie uns aber unrecht,
mit dem Pochen der Schuld: wir sind nicht zu Hause.
Im Keller des Herzens, schlaflos, find ich mich wieder
auf der Spreu des Hohns, im Herbstmanöver der Zeit.

JOACHIM RINGELNATZ
Herbst

Der Herbst schert hurtig Berg und Tal
Mit kalter Schere ratzekahl.
Der Vogel reist nach warmer Ferne;
Wir alle folgten ihm so gerne.

Das Laub ist gelb und welk geworden,
Grün blieb nur Fichte noch und Tann'.
Huhu! Schon meldet sich im Norden
Der Winter mit dem Weihnachtsmann.

HEINRICH HEINE

Der Herbstwind rüttelt die Bäume

Der Herbstwind rüttelt die Bäume,
Die Nacht ist feucht und kalt;
Gehüllt im grauen Mantel,
Reite ich einsam im Wald.

Und wie ich reite, so reiten
Mir die Gedanken voraus;
Sie tragen mich leicht und luftig
Nach meiner Liebsten Haus.

Die Hunde bellen, die Diener
Erscheinen mit Kerzengeflirr;
Die Wendeltreppe stürm ich
Hinauf mit Sporengeklirr.

Im leuchtenden Teppichgemache,
Da ist es so duftig und warm,
Da harret meiner die Holde –
Ich fliege in ihren Arm.

Es säuselt der Wind in den Blättern,
Es spricht der Eichenbaum:
Was willst du, törichter Reiter,
Mit deinem törichten Traum?

MASCHA KALÉKO
Herbstlicher Vers

Nun schickt der Herbst das Leuchten in die Wälder.
Grellbunte Brände lodert jedes Blatt.
Wie welkt das Herz dem wandermüden Fremden,
Der nur die Einsamkeit zur Heimat hat ...

Schon fegt der Sturm den Sommer in die Gosse.
Im Park der Ahornbaum schreit blutigrot.
Der Regen weint die immergleichen Tropfen,
Und auf den Wiesen riecht es morsch nach Tod.

Da überfällt den Wandrer banges Schweigen
Und tiefes Weh um Schönheit, die verdirbt.
Herr, nimm mich fort aus diesem letzten Glühen
Und laß mich sterben, eh mein Sommer stirbt.

1908.

EDUARD MÖRIKE
Septembermorgen

Im Nebel ruhet noch die Welt,
Noch träumen Wald und Wiesen:
Bald siehst du, wenn der Schleier fällt,
Den blauen Himmel unverstellt,
Herbstkräftig die gedämpfte Welt
In warmem Golde fließen.

STEFAN GEORGE

Komm in den totgesagten park und schau

Komm in den totgesagten park und schau:
Der schimmer ferner lächelnder gestade ·
Der reinen wolken unverhofftes blau
Erhellt die weiher und die bunten pfade.

Dort nimm das tiefe gelb · das weiche grau
Von birken und von buchs · der wind ist lau ·
Die späten rosen welkten noch nicht ganz ·
Erlese küsse sie und flicht den kranz ·

Vergiss auch diese lezten astern nicht ·
Den purpur um die ranken wilder reben ·
Und auch was übrig blieb von grünem leben
Verwinde leicht im herbstlichen gesicht.

ROSE AUSLÄNDER
Herbst

Auch im Herbst
singen die Vögel
dies auserwählte Volk

Wir Maskenträger
haben verlernt
zu lauschen
dem Amselgespräch
und der innern Musik

Herbst
der freundliche Feind

Leg deinen Raum
in den Rahmen
der Zeit

GÜNTER EICH

Septemberliches Lied vom Storch

Die Sonne brennt noch überm Luch,
vom Grummet weht der Grasgeruch,
die Beere kocht im Brombeerschlag
und lang noch steht die Sonn' im Tag.

Er aber glaubt nicht mehr ans Jahr,
der auf dem First zu Hause war.
Nach Süden schwang sein Flügelschlag,
steht lang auch noch die Sonn' im Tag.

Die Frösche quarren doppelt hell,
die Maus zeigt unbesorgt ihr Fell.
Der ihnen auf der Lauer lag,
er schwang sich fort vor Tau und Tag,

obgleich noch wie im Sommerwind
die Spinne ihre Fäden spinnt,
die Mücke tanzt im Weidenhag
und lang noch steht die Sonn' im Tag.

PAULA LUDWIG

Jahresneige

Die Linde ist schon lang verblüht
doch steht ihr Innres noch voll Duft

Das Julifeuer ist verglüht
doch wärmt es noch die dunkle Luft

Gesang der Grille ist verstummt
doch zittert noch im Gras ihr Lied

Noch eine goldne Biene summt
um Blumen – die es nicht mehr gibt –

Am Waldessaum erschrickt ein Wild
vor einem Baume – der entlaubt

Im Weiher spiegelt sich sehr mild
der Sonnenblume schwarzes Haupt –

Vom Rauch der Hütten angelockt
die zahme Herde talwärts wankt

Vom Strauch die bittre Beere brockt
die alte Hand – die nicht mehr dankt –

Der Wandrer prüft des Himmels Blau
und zögert mit dem leichten Schritt –

Am Ufer winkt noch eine Frau
dem Segel nach – das längst entglitt –

Des Landmanns Auge zieht den Kreis
noch einmal um die ganze Flur

und sinnt ein Wort – das niemand weiß
als jener – der vorüberfuhr

Des sommerlichen Fischers Boot
ist nun von großen Dingen leer

was er noch fing im Abendrot
wirft er zurück ins weite Meer –

1908

RAINER MARIA RILKE

Jetzt reifen schon die roten Berberitzen

Jetzt reifen schon die roten Berberitzen,
alternde Astern atmen schwach im Beet.
Wer jetzt nicht reich ist, da der Sommer geht,
wird immer warten und sich nie besitzen.

Wer jetzt nicht seine Augen schließen kann,
gewiß, daß eine Fülle von Gesichten
in ihm nur wartet, bis die Nacht begann,
um sich in seinem Dunkel aufzurichten: –
der ist vergangen wie ein alter Mann.

Dem kommt nichts mehr, dem stößt kein Tag mehr zu,
und alles lügt ihn an, was ihm geschieht;
auch du, mein Gott. Und wie ein Stein bist du,
welcher ihn täglich in die Tiefe zieht.

FRIEDRICH RÜCKERT

Herbsthauch

Herz, nun so alt und noch immer nicht klug,
Hoffst du von Tagen zu Tagen,
Was dir der blühende Frühling nicht trug,
Werde der Herbst dir noch tragen!

Läßt doch der spielende Wind nicht vom Strauch,
Immer zu schmeicheln, zu kosen.
Rosen entfaltet am Morgen sein Hauch,
Abends verstreut er die Rosen.

Läßt doch der spielende Wind nicht vom Strauch,
Bis er ihn völlig gelichtet.
Alles, o Herz, ist ein Wind und ein Hauch,
Was wir geliebt und gedichtet.

ERNST JANDL

Oktobernacht

Sessel, bring mir einen Gast.
Tisch, bring mir ein fröhliches Mahl.
Lampe, zeig mir ein freundliches Gesicht,
nicht mich im Spiegel. Spiegel, dreh dich zur Wand.

Sessel, bring mir einen Gast.
Tisch, bring mir ein fröhliches Mahl.
Fenster, geh auf in ein wärmeres Land.
Koffer, nimm mich bei der Hand und flieg mich nach
Ägypten.

Sessel, bring mir einen Gast.
Tisch, bring mir ein fröhliches Mahl.
Telefonvogel, sing für mich.
Oder bring mir einen kellertiefen Winterschlaf, Bett.

NIKOLAUS LENAU
Der Kranich

Stoppelfeld, die Wälder leer;
Und es irrt der Wind verlassen,
Weil kein Laub zu finden mehr,
Rauschend seinen Gruß zu fassen.

Kranich scheidet von der Flur,
Von der kühlen, lebensmüden,
Freudig ruft er's, daß die Spur
Er gefunden nach dem Süden.

Mitten durch den Herbstesfrost
Schickt der Lenz aus fernen Landen
Dem Zugvogel seinen Trost,
Heimlich mit ihm einverstanden.

O wie mag dem Vogel sein,
Wenn ihm durch das Nebeldüster
Zückt ins Herz der warme Schein,
Und das ferne Waldgeflüster!

Und im Fluge übers Meer
Stärket ihn der Duft der Auen;
O wie süß empfindet er
Ahnung, Sehnsucht und Vertrauen!

Nebel auf die Stoppeln taut;
Dürr der Wald; – ich duld es gerne,
Seit gegeben seinen Laut
Kranich, wandernd in die Ferne.

Hab ich gleich, als ich so sacht
Durch die Stoppeln hingeschritten,
Aller Sensen auch gedacht,
Die ins Leben mir geschnitten;

Hab ich gleich am dürren Strauch
Andres Welk bedauern müssen,
Als das Laub, vom Windeshauch
Aufgewirbelt mir zu Füßen:

Aber ohne Gram und Groll
Blick ich nach den Freudengrüften,
Denn das Herz im Busen scholl,
Wie der Vogel in den Lüften;

Denn das Herz in meiner Brust
Ist dem Kranich gleich geartet,
Und ihm ist das Land bewußt,
Wo mein Frühling mich erwartet.

R
1908.

CARL FRIEDRICH DROLLINGER
Herbstgedanken

Der schwüle Sommer ist verschwunden.
Die Sonne läuft der kühlen Waage zu.
Die Erde neiget sich zur Ruh
Nach ihren arbeitsvollen Stunden.
Ihr bunter Schmuck wird blöd und alt,
Und, was sich nächst im Flor befunden,
Verändert Farben und Gestalt.
Der Himmel trübet sich. Es haucht ein frischer Duft
Gleich einer kühlen Abendluft,
Und will des Jahres Abend kühlen.
Der Baume Zierat weicht; die leichten Winde spielen
Mit dem entlaubten Schmuck. O welch ein Unbestand!

Doch nein! ich kenne deine Hand,
Du großer Schöpfer und Erhalter!
Des Laubes Schirm, die schattenvolle Wand,
Die ihrer Früchte zartes Alter
Vor Hitz und Sturm in Sicherheit beschloß,
Hat nun die treue Hut vollendet,
Da der verwahrte Schatz gezeitigt und geendet;
Drum fällt sie weg, und stellt ihn frei und bloß.
O reicher Schatz, den wir bewundern müssen!

Schau, wie die süße Last die schwanken Äste beugt!
Es scheint, als wollen sie die werte Mutter küssen,
Die Mutter, welche sie gezeugt.
Der Blätter Schmuck, der allgemach verfleugt
Erscheinet nun noch eins so prächtig.
Die schlanke Rebe steht an Frucht und Zierat trächtig.
Schau, wie sie ihre grüne Pracht
Mit Gold und Purpur ausgesticket;
Wie sich ihr sterbend Laub zu guter Letzte schmücket,
Und seinen Abschied herrlich macht.

Wie aber? welch betrübtes Bild
Erblick ich voller Scham und Schanden!
Ich Armer ach! Mein Herbst ist auch vorhanden;
Mein Sommer ist bereits erfüllt.
Wie darf ich, Höchster! vor dir stehn,
Und mein beschämtes Haupt zu deinen Wolken strecken?
Ich bin ein kahler Baum, gleich einer dürren Hecken,
Von keinen Früchten reich, von keiner Zierat schön.
O wehe mir! die Axt der Rache blicket schon,
Und dräut mir schnödem Holz mit dem verdienten Lohn!
Erbarme dich! Erwecke meine Kraft,
Du Wesen voller Huld und Liebe;
Und fülle mich mit neuem Saft,
Mit einem gnadenvollen Triebe,

Eh mich dein Grimm zur Straf und Flamme rafft!
Herr, laß mich noch in dieser Zeit,
Obgleich mit später Frucht, zu deinem Ruhme dienen!
So werd ich dort in Ewigkeit
Bei dir im Paradiese grünen.

LUISE HENSEL

Herbst-Stimmung

(Einem fernen kranken Freunde)

Ade, ihr Blumen! müßt nun all' verderben,
Der Rose Pracht ist lange schon verglüht;
Bald neigte dann die Lilie sich zum Sterben,
Dann sind die duft'gen Nelken auch verblüht.

Wie sind so wenig Blumen noch zu sehen
Von all dem bunten, fröhlichen Gewühl,
Und die auch müssen alle bald vergehen:
Es weht vom Abend her so herbstlich kühl.

Die blasse Sonne will noch einmal grüßen,
Sie kann vor Wehmuth nicht, sie hüllt sich ein.
Dürft' ich wie sie das müde Auge schließen!
Wie muß doch Sterben gar so selig sein.

Wir irren, träumen, suchen viel hienieden,
Und eh' wir's ahnen, kommt das Abendroth,
Dann lächeln wir und folgen ihm in Frieden,
Dem Heimath-Boten, ja, dem ernsten Tod. –

Du, treuer Bruder, in der blauen Ferne,
Ist Dir wie mir so herbstlich und so weh?
Wie denk' ich Dein in stiller Wehmuth gerne,
Du reife Seele, denke mein! Ade! –

GERHARD FRITSCH
Nebliger Park

Ich weiß nicht, wie die Göttin heißt,
die da lächelnd ihr Füllhorn in den Nebel leert,
ich weiß nur, daß sie lächelt und aus Sandstein ist,
und daß ihren Füßen alle Zehen fehlen.
Sandstein verwittert so leicht.

Der Nebel tropft von nassen Ästen.
Die Äste sind nackt, ihre Blätter faulen längst
unter der Göttin ohne Zehen.
Der Sommer war kurz.

Das einsame Schloß,
das lautlos im Nebel ertrinkt,
hält kein Licht mehr in die Nacht.
Es wehrt sich nicht gegen den Nebel,
gegen den langen Herbst vor dem Sterben.
Es lächelt, wie die Göttin lächelt,
die Göttin ohne Zehen im Park.

Auch im Nebel
ist Stil das letzte
Gesetz.

1908

RAINER MARIA RILKE
Herbsttag

Herr: es ist Zeit. Der Sommer war sehr groß.
Leg deinen Schatten auf die Sonnenuhren,
und auf den Fluren laß die Winde los.

Befiel den letzten Früchten voll zu sein;
gieb ihnen noch zwei südlichere Tage,
dränge sie zur Vollendung hin und jage
die letzte Süße in den schweren Wein.

Wer jetzt kein Haus hat, baut sich keines mehr.
Wer jetzt allein ist, wird es lange bleiben,
wird wachen, lesen, lange Briefe schreiben
und wird in den Alleen hin und her
unruhig wandern, wenn die Blätter treiben.

CHRISTINE LAVANT

Die roten Feuerbohnen frieren im Frühherbstwind,
über ihnen sammeln sich die ersten ängstlichen Vögel.
Zerraufter noch als das Bohnenlaub ist das Haar meiner
Schwester.
Bald wird sie weinen und den kommenden Winter
verfluchen,
weil er den Armen leerere Schüsseln und kalte Stuben
bringt.
Gern möcht ich meine Hände auf ihre zornigen Augen
legen,
aber sie hat ein zartes und leicht erschreckbares Herz –;
das würde alles von mir wissen, alles mit mir teilen
wollen.
Doch es ist besser, mit den zäheren Dingen zu teilen,
welche keinen Zorn und keine Verwünschungen
kennen.
Ich möchte nicht, daß du verwunschen würdest,
der du mich jetzt schon hungern und frieren läßt.
Darum tausche ich nur leise durch das zerbrochene
Fenster
mit Feuerbohnen und Wandervögeln
die unscheinbaren Zeichen der langen Geduld.

ERICH KÄSTNER
Der September

Das ist ein Abschied mit Standarten
aus Pflaumenblau und Apfelgrün.
Goldlack und Astern flaggt der Garten,
und tausend Königskerzen glühn.

Das ist ein Abschied mit Posaunen,
mit Erntedank und Bauernball.
Kuhglockenläutend ziehn die braunen
und bunten Herden in den Stall.

Das ist ein Abschied mit Gerüchen
aus einer fast vergessenen Welt.
Mus und Gelee kocht in den Küchen.
Kartoffelfeuer qualmt im Feld.

Das ist ein Abschied mit Getümmel,
mit Huhn am Spieß und Bier im Krug.
Luftschaukeln möchten in den Himmel.
Doch sind sie wohl nicht fromm genug.

Die Stare gehen auf die Reise.
Altweibersommer weht im Wind.

Das ist ein Abschied laut und leise.
Die Karussells drehn sich im Kreise.
Und was vorüber schien, beginnt.

CHRISTIAN MORGENSTERN
Novembertag

Nebel hängt wie Rauch ums Haus,
drängt die Welt nach innen;
ohne Not geht niemand aus;
alles fällt in Sinnen.

Leiser wird die Hand, der Mund,
stiller die Gebärde.
Heimlich, wie auf Meeresgrund
träumen Mensch und Erde.

MASCHA KALÉKO

Ein welkes Blatt ...

Ein welkes Blatt – und jedermann weiß: Herbst.
Fröstelnd klirren die Fenster zur Nacht.
O grüne Welt, wie grell du dich verfärbst!

Schon raschelt der Winter im Laube.
Und die Vögel haben, husch, sich aus dem Staube
Gemacht.

Wie letzte Früchte fielen ihre Lieder vom Baum.
Nun haust der Wind in den Zweigen.

Die Alten im Park, sie neigen
Das Haupt noch tiefer. Und auch die Liebenden
Schweigen.

Bald sind alle Boote im Hafen.
Die Schwäne am Weiher schlafen
Im Nebellicht.

Sommer – entflogener Traum!
Und Frühling – welch sagenhaft fernes Gerücht!

Ein welkes Blatt treibt still im weiten Raum,
Und alle wissen: Herbst.

MARIE LUISE KASCHNITZ

Meine Jahreszeit

Der Herbst war meine Jahreszeit von jeher, was als ungesund empfunden wurde, ein junger Mensch hat den Frühling zu lieben, den schüchternen Vorfrühling mit seinen Schneeglöckchen unter aalschwarzen Baumästen oder den alten Liebesmonat Mai, allenfalls noch den Rosensommer, welche Jahreszeiten mich ganz kalt ließen, ja mich, in ihrem Zuwachs an Helligkeit, geradezu störten. Vom 21. Juni, dem Tag der Sonnenwende an begann ich aufzuatmen, jetzt konnten die Tage nicht mehr länger werden, jetzt begann es sich, langsam, langsam wieder um mich zu schließen, das süße Netz der Dunkelheit, der Höhlentiefe, des Traums. Länder, in denen die Sonne einige Monate lang überhaupt nicht untergeht, nur am Rande des Horizontes dahinrollt, fand ich entsetzlich, gegen Mitternacht noch im Freien die Zeitung lesen, wer möchte das, ich möchte es nicht. Schon als ich ein Kind war, entzückte mich die besondere Buntheit des Herbstes, was die andern melancholisch machte, stimmte mich lustig, ich sah gut aus, ich wollte immer essen, meine Haare, meine Nägel wuchsen doppelt so schnell. Ich rannte und wirbelte mit den Füßen das feuchte farbige Laub auf, daß all dies auf den Winter zuführte, bedachte ich nicht. Im Laufe der Jahre hat sich daran nicht viel geändert, in den Herbst, in dessen pathetischer Klarheit ich sozusagen immer gelebt hatte, wachse ich jetzt hinein, wie ein Kind in ein Kleid aus der Kostümkiste, ein ehemals zu weites, zu langes, zu buntes Kleid. Ich kann es mir heute erlauben, Drachen steigen zu lassen, phantastisch Aufgeputztes, das sich den Winden anvertraut, das hoch hinauffliegt, und das am Ende die Stoppeln zerreißen und der Novemberschlamm bedeckt. Es wird mir auch niemand mehr übelnehmen, daß ich auf meinen Schlaf halte, meine halben und ganzen Träume, und daß mir von allen Altären der liebste der ist, auf dem sich die Früchte häufen, gelber Mais, rote Melone, goldgrüne Birne, Kornährenbüschel, Tomaten, in manchen Gegenden auch Granatäpfel, die tausendkernige Frucht.

Textnachweise

Anonymus, Ein alt Totenlied, S. 47, aus: Ungedruckte Reste alten Gesangs, von Adam Elwert, Krieger Marburg 1784

Rose Ausländer, Herbst, S. 62, aus: Rose Ausländer, Mein Atem heißt jetzt. Gedichte, S. Fischer Verlag Frankfurt am Main 1981

Ingeborg Bachmann, Herbstmanöver, S. 52, aus: Ingeborg Bachmann, Werke. Bd. 1. Gedichte © 1978 München, Piper Verlag

Barthold Hinrich Brockes, Gedanken bei dem Fall der Blätter im Herbst, S. 12, aus: Barthold Hinrich Brockes, Irdisches Vergnügen in Gott, Reclam Verlag Ditzingen 1998

Christine Busta, Die Korbflechterin an den Herbst, S. 42, aus: Christine Busta, Lampe und Delphin. Gedichte © Otto Müller Verlag, 4. Auflage, Salzburg 1995

Hilde Domin, Herbstaugen, S. 46, aus: Hilde Domin, Sämtliche Gedichte, S. Fischer Verlag Frankfurt am Main 2009

Carl Friedrich Drollinger, Herbstgedanken, S. 76, aus: Carl Friedrich Drollinger, Gedichte, kommentiert von Uwe-K. Ketelsen, Metzler Verlag Stuttgart 1972

Annette von Droste-Hülshoff, Herbst, S. 35, aus: Annette von Droste-Hülshoff, Die schönsten Gedichte, ausgewählt von Werner Fritsch, Insel Verlag Berlin 2012

Günter Eich, Septemberliches Lied vom Storch, S. 63, aus: Günter Eich, Gesammelte Werke, Band 1: Gedichte, herausgegeben von Horst Ohde, Suhrkamp Verlag Frankfurt am Main 1973

Theodor Fontane, O trübe diese Tage nicht, S. 22, aus: Theodor Fontane, Gedichte in einem Band, herausgegeben von Otto Drude, Insel Verlag Frankfurt am Main und Leipzig 1998

Gerhard Fritsch, Nebliger Park, S. 81, aus: Gerhard Fritsch, Gesammelte Gedichte, herausgegeben von Reinhard Urbach, © Otto Müller Verlag Salzburg, 1994

Emanuel Geibel, Ich sah den Wald sich färben, S. 50, aus: Emanuel Geibel, Werke, Band 1, herausgegeben von Wolfgang Stammler, Bibliographisches Institut Leipzig/Wien 1918

Stefan George, Komm in den totgesagten park, S. 61, aus: Stefan George, Sämtliche Werke in 18 Bänden, herausgegeben von der Stefan George Stiftung, Band 4: Das Jahr der Seele, bearbeitet von Georg P. Landmann, Verlag Klett-Cotta Stuttgart 1982

Catharina Regina von Greiffenberg, Auf die fruchtbringende Herbstzeit, S. 28, aus: Deutsche Barock-Lyrik. Eine Auswahl, herausgegeben von Herbert Cysarz, Reclam Verlag Ditzingen 1964

Friedrich Hebbel, Herbstbild, S. 26, aus: Friedrich Hebbel, Werke: Band 3, herausgegeben von Gerhard Fricke, Werner Keller und Karl Förnbacher, Carl Hanser Verlag München 1965

Heinrich Heine, Der Herbstwind rüttelt die Bäume, S. 55, aus: Heinrich Heine, Sämtliche Gedichte in zeitlicher Folge, herausgegeben von Klaus Briegleb, Insel Verlag Frankfurt am Main und Leipzig 1997

Luise Hensel, Herbst-Stimmung, S. 79, aus: Luise Hensel, Lieder, Schöningh Verlag Paderborn 1917

Hermann Hesse, Verfrühter Herbst, S. 31, aus: Hermann Hesse, Sämtliche Werke in 20 Bänden, herausgegeben von Volker Michels, Band 10: Die Gedichte, Suhrkamp Verlag Frankfurt am Main 2002

Friedrich Hölderlin, Hälfte des Lebens, S. 45, aus: Friedrich Hölderlin, Sämtliche Gedichte, herausgegeben von Jochen Schmidt, Insel Verlag Frankfurt am Main und Leipzig 1999

Ricarda Huch, Herbst, S. 15, aus: Ricarda Huch, Gesammelte Werke, herausgegeben von Wilhelm Emrich, Band 5: Gedichte, Dramen, Reden, Aufsätze und andere Schriften, Verlag Kiepenheuer & Witsch Köln 1971

Peter Huchel, Kinder im Herbst, S. 36, aus: Peter Huchel, Gesammelte Werke in zwei Bänden, Band 1: Die Gedichte, Suhrkamp Verlag Berlin 2017

Ernst Jandl, Oktobernacht, S. 70, aus: Ernst Jandl, Werke, herausgegeben von Klaus Siblewski, © 2016 Luchterhand Literaturverlag, München, in der Penguin Random House Verlagsgruppe GmbH

Erich Kästner, Herbst auf der ganzen Linie, S. 7, Exemplarische Herbstnacht, S. 43, aus: Erich Kästner, Doktor Erich Kästners lyrische Hausapotheke, © Atrium Verlag AG, Zürich 1936 und Thomas Kästner

Erich Kästner, Der September, S. 86, aus: Erich Kästner, Die 13 Monate, © Atrium Verlag AG, Zürich 1955 und Thomas Kästner

Mascha Kaléko, Herbstlicher Vers, S. 57, aus: Mascha Kaléko,

In meinen Träumen läutet es Sturm, © 1977 dtv Verlagsgesellschaft mbH & Co, KG, München

Mascha Kaléko, Ein welkes Blatt, S. 91, aus: Mascha Kaléko, Verse für Zeitgenossen, © 1975 dtv Verlagsgesellschaft mbH & Co, KG, München

Marie Luise Kaschnitz, Tritte des Herbstes, S. 23, aus: Marie Luise Kaschnitz, Gesammelte Werke in sieben Bänden, Band 5: Die Gedichte, Insel Verlag Frankfurt am Main 1985

Marie Luise Kaschnitz, Meine Jahreszeit, S. 93, aus: Marie Luise Kaschnitz, Tage, Tage, Jahre. Aufzeichnungen, Insel Verlag Frankfurt am Main 1968

Sarah Kirsch, Laute Musik, S. 20, Der September, S. 21, aus: Sarah Kirsch, Sämtliche Gedichte, © 2005, Deutsche Verlags-Anstalt, München, in der Penguin Random House Verlagsgruppe GmbH

Theodor Kramer, An einem schönen Herbsttag, S. 34, aus: Theodor Kramer, Gesammelte Gedichte in drei Bänden, herausgegeben von Erwin Chvojka, © 1997 Paul Zsolnay Verlag GmbH, Wien

Else Lasker-Schüler, Herbst, S. 9, aus: Else Lasker-Schüler, Werke und Briefe, Kritische Ausgabe, Band 1: Die Gedichte, Jüdischer Verlag im Suhrkamp Verlag Frankfurt am Main 1996

Christine Lavant, Die roten Feuerbohnen frieren im Frühherbstwind, S. 85, aus: Christine Lavant, Zu Lebzeiten veröffentlichte Gedichte, herausgegeben und mit einem Nachwort von Doris Moser und Fabjan Hafner © Wallstein Verlag Göttingen 2014

Nikolaus Lenau, Der Kranich, S. 71, aus: Nikolaus Lenau, Gedichte, herausgegeben von Hartmut Steinecke, Reclam Verlag Ditzingen 1993

Paula Ludwig, Jahresneige, S. 64, aus: Paula Ludwig, Gedichte. Gesamtausgabe, herausgegeben von Kristian Wachinger und Christiane Peter, Ebenhausen bei München. 1986. Verlag C.H. Beck, vormals Langewiesche-Brandt (ISBN: 978-3-406-60749-3)

Rainer Malkowski, Schöne seltene Weide, S. 30, aus: Rainer Malkowski, Was für ein Morgen, Gedichte, Suhrkamp Verlag Frankfurt am Main 1975

Eduard Mörike, Septembermorgen, S. 60, aus: Eduard Mörike, Sämtliche Gedichte in einem Band, herausgegeben von Bernhard Zeller, Insel Verlag Frankfurt am Main und Leipzig 2001

Christian Morgenstern, Novembertag, S. 90, aus: Christian Morgenstern, Gedichte in einem Band, herausgegeben von Reinhardt Habel, Insel Verlag Frankfurt am Main und Leipzig 2003

August von Platen, An eine Geißblattranke, S. 38, aus: August von Platen, Gesammelte Werke in fünf Bänden, J. G. Cotta'scher Verlag, Stuttgart und Tübingen 1853

Rainer Maria Rilke, Spätherbst in Venedig, S. 27, Jetzt reifen schon die roten Berberitzen, S. 68, Herbsttag, S. 84, aus: Rainer Maria Rilke, Die Gedichte in einem Band, Insel Verlag Frankfurt am Main 1986

Joachim Ringelnatz, Herbst, S. 54, aus: Joachim Ringelnatz, Sämtliche Gedichte, Diogenes Verlag Zürich 2005

Friedrich Rückert, Herbsthauch, S. 69, aus: Friedrich Rückert, Gedichte, herausgegeben von Walter Schmitz, Reclam Verlag Ditzingen 1998

Kurt Tucholsky, Schöner Herbst, S. 16, aus: Kurt Tucholsky, Ausgewählte Werke, zusammengestellt von Fritz J. Raddatz, Rowohlt Verlag Reinbek 1965

Inhalt

Die Illustrationen von Philippe Robert (1881-1930) sind seinem Werk *Feuilles d'automne* entnommen.

 Bezugspapier: Philippe Robert. Gesetzt in der Schrift Dolly Pro. Gedruckt auf holzfreies, alterungsbeständiges Werkdruckpapier der Firma Cordier, Bad Dürkheim, von der Memminger MedienCentrum AG. Gebunden in Fadenheftung von der Josef Spinner Großbuchbinderei GmbH, Ottersweier. Printed in Germany.
ISBN 978-3-458-20530-2